AF440192

République Française

---

## VILLE DE SAINT-LO

---

# RELATION DES FÊTES

### Célébrées le 5 Mai 1889

A L'OCCASION

## DU CENTENAIRE DES ÉTATS-GÉNÉRAUX

## de 1789

ET

# CONFÉRENCE

## de M. MARIE-CARDINE

*Inspecteur d'Académie du département de la Manche.*

SAINT-LO

IMPRIMERIE JEAN DELAMARE, RUE DE LA PAILLE, 6

## VILLE DE SAINT-LO

# RELATION DES FÊTES

**Célébrées le 5 Mai 1889**

A L'OCCASION

## DU CENTENAIRE DES ÉTATS-GÉNÉRAUX

de 1789

ET

# CONFÉRENCE

## de M. MARIE-CARDINE

*Inspecteur d'Académie du département de la Manche.*

SAINT-LO

IMPRIMERIE JEAN DELAMARE, RUE DE LA PAILLE, 6

# EXTRAIT

*du Registre des délibérations du Conseil municipal de Saint-Lo.*

## Séance extraordinaire du 28 avril 1889.

# CENTENAIRE DE LA RÉVOLUTION

## Fêtes commémoratives du 5 Mai 1789.

M. Dussaux, président de l'Assemblée, en l'absence de M. le Maire, donne lecture de la circulaire ministérielle et de la lettre préfectorale relatives à la célébration du Centenaire de 1789, et invite le Conseil municipal à délibérer sur cet objet.

. . . . . . . . . . . . . . . . . . . . . . . . . . . . . . . . . . . . . . . . . . . . . . . . . . . . .

M. Bernard, prend la parole :

« Le 5 mai, dit-il, est une date à jamais mémorable. Elle marque le commencement de notre émancipation. Le gouvernement de la République nous convie à en perpétuer le souvenir. Nous devons, nous Républicains, qui jouissons de la liberté et de tous les bienfaits que la réunion des Etats Généraux nous a valus, nous devons répondre à l'appel patriotique qui nous est fait ; et je propose de célébrer le Centenaire du 5 mai 1789, par des fêtes spéciales d'un éclat inaccoutumé. »

. . . . . . . . . . . . . . . . . . . . . . . . . . . . . . . . . . . . . . . . . . . . . . . . . . . .

Le Conseil, adoptant cette proposition, vote un crédit de 2,000 francs pour célébrer le Centenaire de 1789, et charge sa Commission des Fêtes d'arrêter le programme de la journée, qui devra comprendre une distribution extraordinaire de secours aux indigents.

# LES FÊTES

## Distribution de Viande aux Pauvres.

En exécution du programme préparé par la Commission des Fêtes, le 4 mai, au matin, une distribution de viande fut faite aux indigents. Plus de huit cents pauvres reçurent un bon leur permettant de toucher une portion de viande, variant de un à deux kilog.

## La Retraite aux flambeaux.

Le soir, sur la place de la Préfecture, se formait devant l'Hôtel de Ville, une brillante retraite aux flambeaux. Organisée par l'autorité militaire de concert avec l'administration municipale, elle avait un caractère spécial et une splendeur toute particulière.

Les tambours et clairons du 136° et ceux des sapeurs-pompiers étaient suivis de la musique du régiment et de la musique municipale. Un peloton de troupes en armes, sous le commandement d'un officier, précédait et suivait les musiques, tandis que des hommes en armes flanquaient le cortège. Des hommes de troupe portaient des torches sur quatre lignes, et pendant toute la durée de la retraite, cet ordre a été observé.

Les applaudissements les plus enthousiastes, les cris de : *Vive la République !* accueillaient la troupe flamboyante, les feux de Bengale illuminaient les rues et projetaient leurs flammes brillantes sur les édifices, pendant que le puissant orchestre faisait résonner les airs de ses accords vibrants.

Toute la ville était en fête : partout des illuminations, des feux de Bengale, des fusées multicolores.

Jamais pareille retraite n'avait été organisée à Saint-Lo.

# CONFÉRENCE DE M. MARIE-CARDINE

Le lendemain 5, à 2 heures 20 minutes, le Conseil municipal quittait l'Hôtel-de-Ville, précédé de sa Musique, et se rendait à la Préfecture : M. le Préfet et M. le Secrétaire général prenaient place dans le cortège, qui, à 2 heures 1/2, entrait dans la salle du manège, au Haras.

M. Amiard, Maire de Saint-Lo, prit le fauteuil de la présidence ; derrière lui se plaça le Conseil municipal très-nombreux et presque au complet ; à ses côtés se placèrent M. le Lieutenant-Colonel du 136e, Commandant d'armes, M. le Trésorier-Payeur-Général ; aux premiers rangs on remarquait les Commandants de la remonte, du recrutement, les Chefs de bataillon du 136e, les Officiers de ce régiment, les Capitaines de la remonte, les Officiers de gendarmerie, tout le personnel universitaire, M. le Procureur de la République, MM. les Juges du Tribunal civil, MM. les Conseillers de Préfecture, etc.

Dans la salle immense, plus de quinze cents auditeurs avaient pris place. Les dames étaient nombreuses et toutes les classes de la société étaient représentées. A côté du soldat s'asseyait l'ouvrier ; à côté du paysan se plaçait le sous-officier. Tous, sur le même rang, sans privilège de place, attendaient dans un silence respectueux le commencement de la conférence. Ce n'était pas l'attente curieuse d'un spectacle qui se peignait sur les visages, c'était le recueillement sérieux d'hommes attendant l'historique d'un grand fait national, d'une grande époque de la vie d'un peuple.

Aussi, c'est au milieu du plus grand silence que M. le Maire a ouvert la séance par les paroles suivantes :


« Messieurs,

» Au moment de donner la parole au sympathique et éminent
» Conférencier qui a bien voulu se charger de rappeler à nos
» esprits les principaux faits de la grande époque dont nous célé-
» brons le Centenaire, il appartient au Président de cette réunion,

» de saluer d'un mot, le souvenir de l'année 1789 et des grandes
» choses qui s'y sont accomplies.

» Lorsque le Gouvernement de la République a eu l'heureuse
» pensée de convier toutes les communes de France à célébrer
» dignement ce glorieux anniversaire, sa proposition a été accueil-
» lie partout avec le plus vif empressement.

» Il n'en pouvait être autrement. Et nous, Saint-Lois, nous
» avons eu la bonne fortune de rencontrer un Conférencier qui,
» avec l'autorité que nous lui reconnaissons tous, veut bien nous
» aider à célébrer la Révolution Française de la meilleure ma-
» nière ; car la meilleure manière de célébrer la Révolution
» Française, c'est de la faire connaître. »

Les applaudissements enthousiastes de la salle ont accueilli
cette allocution et immédiatement la parole a été donnée à
M. MARIE-CARDINE.


MESDAMES, MESSIEURS,

La journée du 5 mai 1789, dont la France entière
célèbre aujourd'hui le Centenaire, est l'une des dates les
plus glorieuses, les plus grandioses, non seulement de
notre histoire nationale, mais de l'histoire de l'humanité.

Cette journée fut, suivant la belle expression de Michelet, « un beau jour, le dernier jour de paix, le premier
» d'un immense avenir. » Ce fut un jour où l'on pouvait,
avec plus de raison que jamais, « chanter l'hymne pro-
» phétique : *Tu vas créer des peuples, et la force de
» la terre en sera renouvelée.* » (1)

Cette date du 5 mai 1789 est une date qui ne rappelle
que des souvenirs d'union et de concorde ; c'est peut-
être la seule où, malgré la diversité des opinions, malgré
la vivacité des passions, tous les cœurs furent saisis
d'une même émotion, d'un même attendrissement, et
battirent à l'unisson, animés du même enthousiasme et
des mêmes espérances.

(1) Michelet.

C'est une date inoubliable pour tous ceux qui ont vraiment l'amour de la Liberté et de la Patrie ; car c'est en ce jour qu'un monde nouveau se substitua au monde ancien, que la société féodale fit place à la société moderne.

Je vous convie donc, Mesdames et Messieurs, en souvenir de ce grand jour, à oublier pour un moment la France que nous voyons, et à aller interroger dans son tombeau la France qui n'est plus.

« Les Français, dit M. A. de Tocqueville dans son
» livre *l'Ancien Régime et la Révolution,* ont fait en
» 1789 le plus grand effort auquel se soit jamais livré
» aucun peuple, afin de couper pour ainsi dire en deux
» leur histoire. »

Quand on se trouve ainsi, Mesdames et Messieurs, en présence d'un changement aussi radical dans les mœurs d'un peuple entier, on est tout naturellement amené à se demander quelles ont pu être les causes qui ont produit ce changement. La Révolution française, tout le monde est d'accord sur ce point, a creusé un abîme entre les institutions de l'ancien régime et nos institutions actuelles. Mais, un tel abîme se creuse-t-il tout d'un coup ? Une société se renouvelle-t-elle ainsi sans que que ce renouvellement ait été prévu, préparé longtemps d'avance ? Assurément, non ! La Révolution n'a pas été l'œuvre d'un moment ; elle s'est préparée pendant tout le XVIIIᵉ siècle, et c'est quand le moment a été venu, quand les esprits ont été assez mûrs pour la Liberté, qu'elle a éclaté.

La Révolution française n'a pas surpris les esprits : depuis longtemps on la prévoyait ; on sentait qu'un grand bouleversement était nécessaire. Il y avait, chez tous les hommes qui réfléchissaient, comme un pressentiment d'une révolution prochaine, inévitable.

Dès 1743, Mᵐᵉ de Tencin avait dit : « A moins que

» Dieu n'y mette visiblement la main, il est physique-
» ment impossible que l'Etat ne culbute. »

En 1752 et 1753, Chesterfield écrivait : « Avant la fin
» de ce siècle, le métier de roi et de prêtre déchoira de
» plus de moitié. Tout ce que j'ai jamais rencontré dans
» l'histoire de symptômes avant-coureurs de grandes
» révolutions existe actuellement, et s'augmente chaque
» jour en France. »

Grimm, en 1757, disait : « Peu s'en faut que je ne
» voie l'Europe menacée de quelque révolution sinistre.»

En 1762, Rousseau s'exprimait ainsi, dans l'*Emile* :
« Nous approchons de l'état de crise et du siècle des
» révolutions. »

Le 2 avril 1764, Voltaire écrivait à M. de Chauvelin :
« Tout ce que je vois jette les semences d'une révolution
» qui arrivera immanquablement, et dont je n'aurai pas
» le plaisir d'être témoin. Les Français arrivent tard à
» tout, mais enfin ils y arrivent. La lumière s'est telle-
» ment répandue, qu'on éclatera à la première occasion,
» et alors ce sera un beau tapage. Les jeunes gens
» sont bien heureux, ils verront de belles choses. »

Le 17 juin de la même année, il écrivait à M. le comte
d'Argental : « Les écailles tombent des yeux, le règne
» de la Vérité est proche. Mes anges, bénissons Dieu. »

En 1782, Mercier de la Rivière disait : « La Nation ne
» reprendra sa vigueur qu'en passant par des épreuves
» terribles. »

Dans une conversation chez Quesnay, ce même
La Rivière s'exprimait ainsi : « Ce pays ne peut être
» régénéré que par une conquête ou par quelque grand
» bouleversement intérieur ; mais malheur à ceux qui
» s'y trouveront ! Le peuple français n'y va pas de
» main morte. »

» Le colin-maillard poussé trop loin, disait le marquis
» de Mirabeau, finira par la culbute générale. »

Le roi Louis XV lui-même, au milieu de ses désordres,
ne pouvait se faire illusion ; il prévoyait bien que

quelque grande expiation se préparait pour le règne suivant : « Les choses, comme elles sont, dureront » autant que moi, disait-il ; je crois que, tant que je » vivrai, je resterai toujours à peu près le maître de » faire ce que je voudrai ; mais, ma foi, après moi, » M. le duc de Bourgogne n'a qu'à bien se tenir. » Il se consolait en ajoutant : « Mon successeur s'en tirera » comme il pourra ; » et M<sup>me</sup> du Barry traduisait sa pensée en ces termes plus vulgaires : « Après nous, le » déluge ! »

Ainsi, Mesdames et Messieurs, dans la seconde moitié du XVIII<sup>e</sup> siècle, tout le monde s'attendait à un bouleversement général dans l'Etat.

La Révolution française n'a donc pas été un événement fortuit ; elle a été, selon l'expression d'A. de Tocqueville, « le complément d'un long tra- » vail, la terminaison soudaine et violente d'une œuvre » à laquelle dix générations d'hommes avaient tra- » vaillé. »

Quels événements avaient pu amener un tel changement dans l'opinion publique ? Comment se fait-il que ce même peuple qui, soixante ans auparavant, se courbait docilement sous la volonté absolue de Louis XIV, prévoie, demande, réclame même à grands cris des réformes ? Que s'est-il donc passé ?

Louis XIV, qui comprenait à merveille son métier de roi, avait bien pu faire peser sur le peuple, sans que celui-ci, soit par crainte, soit par impuissance, soit même par respect, cherchât à s'en délivrer, un despotisme absolu ; mais il était seul capable de maintenir le gouvernement qu'il avait établi.

Quand son énergie vint à l'abandonner, à la fin de son règne, on ne s'en aperçut que trop au triste et déplorable état dans lequel fut alors plongée la France. A peine le Grand Roi fut-il mort, que le Régent affaiblit le pouvoir royal en rendant au Parlement le droit de remontrances.

Dès lors, un observateur attentif eût pu pressentir que cet état de choses amènerait quelque grand changement et que, si le roi de France ne reprenait pas la puissance franchement absolue de Louis XIV, son pouvoir ne tarderait pas à être circonscrit dans des limites étroites.

Bientôt, les scandales de la Régence avilissent la royauté ; et ils sont remplacés par les désordres privés du roi. On éloigne Louis XV des affaires ; les courtisans le dépravent ; ses maîtresses le dirigent et abaissent la France. Celle-ci, à part quelques faits heureux, tels que la réunion de la Lorraine par le traité de Vienne, en 1738, est humiliée dans sa politique extérieure. Elle ne rapporte de ses guerres, entreprises souvent par suite d'un caprice d'une maîtresse du roi, que de la honte ; elle signe des traités qui la rabaissent. Tout cela fait perdre à la royauté son prestige.

Que pouvait penser la Nation d'un roi qui ne cherchait qu'à « s'épargner les épines du pouvoir, » qui déshonorait le trône par ses débauches ?

Au milieu des désastres de la fin du règne de Louis XIV, les Français cherchaient à pallier les fautes de leur monarque ; ils attribuaient ses revers à l'inconstance de la fortune : agir ainsi, c'était sauver l'honneur national.

Sous Louis XV, on ne trouve plus d'autre moyen pour conserver cet honneur, que de rendre le roi, la favorite, responsables des malheurs publics. La dégradation des gouvernants avait seule opéré un tel changement dans les esprits.

On avait pu entendre sans honte ces étranges paroles : « *L'Etat, c'est moi* ! » sortir de la bouche d'un roi tel que Louis XIV. Mais quand c'était la maîtresse de Louis XV, quand c'était une M<sup>me</sup> du Barry qui semblait près de les prononcer, qui donc aurait pu ne pas se sentir indigné ?

Le renvoi de Choiseul fut une nouvelle source de mécontentement pour la nation. On savait apprécier le

caractère vraiment français de la politique de ce grand
ministre ; on lui tenait compte des réformes qu'il avait
pu accomplir, et on lui savait gré d'avoir voulu relever
la France à l'extérieur, l'enrichir à l'intérieur. Ce fut
avec une profonde douleur et un sourd murmure de
désapprobation que la Nation vit son faible roi sacrifier
un tel homme à une basse intrigue, à une vile favorite.

Mais, l'humiliation qui fut le plus sensible à la
France entière, ce fut le partage de la Pologne. Quand
on vit le Gouvernement français rester spectateur muet
et immobile du meurtre d'une nation que toutes les lois
de la justice et de l'honneur lui commandaient de secourir ; quand on vit le roi, ému un moment par l'affront
de n'être compté pour rien en Europe, dire froidement:
« Ah ! si Choiseul eût été ici, les choses se seraient
passées d'une autre manière ! » puis, aller aussitôt oublier la Pologne, la France et l'Europe dans les orgies de
ses petits appartements, un cri d'indignation contre ce
faible et insouciant monarque sortit de toutes les poitrines vraiment françaises.

Et cependant, ce même roi, se faisant encore illusion,
voulait imposer à la France et aux parlements la monarchie absolue de Louis XIV : « Au roi seul, disait-il en
1766, au roi seul appartient la puissance législative. »

Mais la nation ne comprenait déjà plus ce langage ;
elle n'en voulait plus ; aussi l'opinion publique se hâtait-
elle de protester.

Ce n'était plus le temps où Montesquieu faisait dire
à Rica dans les *Lettres persanes* : « Le prince imprime
le caractère de son esprit à la Cour, la Cour à la ville, la
ville aux provinces. L'âme du souverain est un moule
qui donne la forme à toutes les autres. »

Non ; le souverain n'était plus craint comme au temps
de Louis XIV ; il n'était même plus respecté. La maxime
« que le roi ne tient sa couronne que de Dieu » était
vivement attaquée ; le peuple comprenait qu'il avait des

droits à revendiquer, et demandait la convocation des Etats-Généraux.

« Les rois, écrivait Mirobert dans un pamphlet fa-
» meux, les rois auront leur puissance, les Parlements
» leur crédit, *la Nation ses droits.* »

Et le comte de Lauraguais allait encore plus loin :
« La Nation, disait-il, a dit : Vous serez roi à telles
» conditions, alors je serai fidèle ; si vous les enfrei-
» gnez, je serai votre juge. »

La satire s'en mêlait aussi, et Beaumarchais, dans ses *Mémoires,* mélange de plaisanteries fines et de sarcasmes mordants, de dialectique pressante, de récits élevés et touchants, se faisait le ministre des vengeances du public.

Au milieu d'un tel état de choses, que pouvait être le gouvernement ?

En 1756, le pape Benoît XIV disait, en parlant de la France : « La bonne machine, qui va toute seule ! »

A cette époque, en effet, tandis que Machault et d'Argenson se faisaient la guerre, suivant l'expression du temps, « à coups de Parlements et de Clergé, » des améliorations se produisaient sur plusieurs points. Au milieu des malheurs qui fondaient sur elle de toutes parts, la France avait eu le bonheur de rencontrer quelques bons ministres, quelques hommes de cœur qui, par leur sage administration, l'avaient un peu relevée des humiliations que ses ennemis lui infligeaient, et étaient même quelquefois parvenus à réveiller le monarque indolent: d'Argenson, Orry, Machault, Choiseul, et, le plus grand de tous, Turgot ; — noms qu'on ne peut citer qu'avec respect et reconnaissance !

Mais, combien d'abus, combien d'excès dans ce même gouvernement !

Voici ce que dit à ce propos Voltaire dans son *Dictionnaire philosophique,* à l'article *Gouvernement :*

« Un voyageur racontait ce qui suit en 1769 : J'ai vu
» dans mes courses un pays assez grand et assez peuplé,

» dans lequel toutes les places s'achètent, non pas en
» secret et pour frauder la loi comme ailleurs, mais
» publiquement et pour obéir à la loi. On y met à l'en-
» can le droit de juger souverainement de l'honneur,
» de la fortune et de la vie des citoyens, comme on
» vend quelques arpents de terre. Il y a des commissions
» très importantes dans les armées, qu'on ne donne
» qu'au plus offrant. Le principal mystère de leur reli-
» gion se célèbre pour trois petits sesterces ; et si le
» célébrant ne trouve point ce salaire, il reste oisif
» comme un gagne-denier sans emploi.

» Les fortunes dans ce pays ne sont point le prix de
» l'agriculture ; elles sont le résultat d'un jeu de hasard
» que plusieurs jouent en signant leurs noms, et en
» faisant passer ces noms de main en main. (1) S'ils
» perdent, ils rentrent dans la fange dont ils sont sortis,
» ils disparaissent ; s'ils gagnent, ils parviennent à
» entrer de part dans l'administration publique ; ils
» marient leurs filles à des mandarins, et leurs fils
» deviennent aussi des espèces de mandarins.

» Une partie des citoyens a toute sa subsistance
» assignée sur une maison qui n'a rien (2) ; et cent
» personnes ont acheté chacune cent mille écus le droit
» de recevoir et de payer l'argent dû à ces citoyens sur
» cet hôtel imaginaire ; droit dont ils n'usent jamais,
» ignorant profondément ce qui est censé passer par
» leurs mains.

» Quelquefois on entend crier par les rues une
» proposition faite à quiconque a un peu d'or dans sa
» cassette, de s'en dessaisir pour acquérir un carré de
» papier admirable, qui vous fera passer sans aucun
» soin une vie douce et commode. Le lendemain, on
» vous crie un ordre qui vous force à changer ce papier
» contre un autre qui sera bien meilleur. Le surlen-

(1) Il s'agit ici de la loterie royale.
(2) Ce sont les rentes de l'Hôtel-de-Ville.

» demain, on vous étourdit d'un nouveau papier qui
» annule les deux premiers. Vous êtes ruiné ; mais de
» bonnes têtes vous consolent, en vous assurant que
» dans quinze jours les colporteurs de la ville vous
» crieront une proposition plus engageante. (1)

» Vous voyagez dans une province de cet Empire, et
» vous achetez des choses nécessaires au vêtir, au
» manger, au boire, au coucher. Passez-vous dans une
» autre province, on vous fait payer des droits pour
» toutes ces denrées, comme si vous veniez d'Afrique.
» Vous en demandez la raison, on ne vous répond
» point ; ou, si l'on daigne vous parler, on vous répond
» que vous venez d'une province *réputée étrangère,*
» et que, par conséquent, il faut payer pour la commodité
» du commerce. Vous cherchez en vain à comprendre
» comment des provinces du royaume sont étrangères
» au royaume. » (2)

Voilà, Mesdames et Messieurs, quelle était à la fin
du XVIIIe siècle, la situation, situation pleine d'abus,
du gouvernement en France. Assurément, nul ne le
méconnaîtra, ceux qui étaient obligés de vivre sous ces
lois ne pouvaient les aimer.

Un seul corps, au milieu de ce désordre général,
avait conservé le respect de la nation : c'était le
Parlement. Et encore, devait-il ce respect surtout aux
persécutions dont il avait été l'objet. Ce n'était plus, en
effet, le puissant Parlement de Louis XIII : Louis XIV
lui avait enlevé son droit le plus cher, le droit de
remontrances.

Montesquieu, dans les *Lettres persanes*, le dépeint
ainsi : « Les parlements ressemblent à ces ruines que
» l'on foule aux pieds, mais qui rappellent toujours
» l'idée de quelque temple fameux par l'ancienne

(1) Il s'agit des banqueroutes du XVIIIe siècle.

(2) Voltaire parle ici des tarifs et des douanes.

» religion des peuples. Ils ne se mêlent guère plus que
» de rendre la justice ; et leur autorité est toujours
» languissante, à moins que quelque conjoncture
» imprévue ne vienne lui rendre la force et la vie.
» Ces grands corps ont suivi le destin des choses
» humaines ; ils ont cédé au temps, qui détruit tout ; à
» l'autorité suprême, qui a tout abattu. »

Le Régent rendit, il est vrai, au Parlement, le droit
de remontrances ; mais ce ne devait plus être entre ses
mains qu'une arme impuissante. Cependant, la royauté
eut, plus d'une fois encore, à souffrir des résistances
du Parlement ; de là ces longues et continuelles querelles,
et les suppressions fréquentes de ce corps.

Pendant longtemps, les Français regardèrent d'un
œil indifférent les querelles de la Cour et de la
Magistrature ; mais le coup d'état de Maupeou, en
janvier 1771, qui transformait en magistrats des gens
serviles, prêts à souscrire à tous les caprices du
pouvoir, qui détruisait l'inamovibilité des juges, ce coup
d'état fit réfléchir, et l'indignation éclata de toutes
parts.

C'est qu'en effet, Mesdames et Messieurs, le peuple
regardait le Parlement comme une barrière élevée
contre l'arbitraire de la Royauté. Aussi, en 1787, quand
les avocats de Troyes allèrent féliciter le Parlement de
Paris sur son rappel, l'orateur s'exprima-t-il ainsi :
« Vous avez renouvelé ce principe national qui fait
» notre sûreté, que toute loi avant d'être exécutée,
» doit être par vous, Messieurs, conférée avec les
» maximes imprescriptibles du droit naturel et avec les
» ordonnances constitutives de cette monarchie. »

Mais ce dernier obstacle opposé à la monarchie devait
bientôt tomber à son tour : les Etats-Généraux allaient
mettre fin au régime des Parlements.

Ainsi, à la mort de Louis XV, le Gouvernement n'est
plus qu'un ensemble de désordres et d'abus ; la Royauté,
avilie, est méprisée par le peuple ; le règne de la

monarchie absolue est fini, et la Nation revendique ses droits. Faut-il, après cela, s'étonner que l'opinion publique demande à grands cris une réforme complète et radicale des institutions, et qu'une Révolution paraisse imminente? Non : ce qui est étonnant, c'est la sécurité avec laquelle le Gouvernement attend les événements. A l'approche des périls, il est tranquille, et ne semble même pas se douter qu'il soit en danger. Au moment où il lui faudrait agir avec vigueur, il croit que de belles paroles vont tout arranger, et l'on est tout surpris de voir Calonne, à propos de l'Assemblée des Notables, écrire à une amie de la reine, en 1787 : « Je » sens parfaitement tout le ridicule de cette Assemblée ; » mais les esprits fermentaient, et il fallait une égide » respectable pour parer tous les traits. Ils ne feront » rien sans nous, et nous ferons tout sans eux. Ce sont » de grands ressorts dont nous nous servons pour faire » jouer la grande machine. Que Sa Majesté ne tremble » donc point à l'aspect de cet épouvantail formidable ; » il faudra moins de temps pour le détruire qu'il n'en a » fallu pour l'établir. Il faut fasciner les yeux du » Français, et quand on sait bien lui offrir l'illusion, il » croit tenir la vérité, et il est content. »

Le chancelier de Lamoignon montre la même présomption : « Tout, dit-il, sera réparé sans secousse, » sans bouleversement des fortunes, sans altération des » principes du Gouvernement. »

Quelle incroyable sécurité ! Au moment où la monarchie absolue est près de sa ruine, on veut encore gouverner la Nation avec tout l'absolutisme et l'arbitraire de Louis XIV. « Nous ferons tout sans eux, et ils ne » feront rien sans nous ; nous offrirons au peuple » l'illusion, et il sera content. » Non ! M. de Calonne se trompe : le peuple ne se contentera pas de si peu ; il sent qu'il a des droits et des libertés à revendiquer. Tous, même les nobles, veulent un gouvernement populaire ; et on peut prévoir que le temps n'est pas loin où Mirabeau mourant (2 avril 1791) pourra, les regards tristement portés vers l'avenir, prononcer ces prophétiques paroles : « J'emporte dans mon cœur le » deuil de la monarchie, dont les débris vont être la » proie des factieux. »

D'où venait donc, Mesdames et Messieurs, cette sécurité du Gouvernement à l'approche de la Révolution ? Je viens de l'indiquer, d'une illusion. Mais il y avait encore autre chose qui le rassurait : c'était le caractère et les excellentes intentions du nouveau roi. La Nation elle-même ne pouvait se défendre d'un certain sentiment de confiance. On prévoyait qu'une Révolution était inévitable, mais on l'attendait comme l'aurore d'une ère nouvelle de paix et de bonheur, d'un âge d'or où il n'y aurait plus ni discordes ni malentendus.

Louis XV, en mourant, le 10 mai 1774, laissait à son successeur un royaume humilié au dehors et plein de souffrances et de corruption à l'intérieur ; un pouvoir, absolu dans son principe, mais faible dans ses actes, usé d'ailleurs par ses propres excès, qui s'était dépouillé lui-même de ses appuis naturels, et se trouvait en butte aux attaques menaçantes de l'opinion publique et de l'esprit nouveau.

Pour régénérer l'Etat, il eût fallu au jeune roi une volonté ferme de faire le bien en dépit des résistances de l'égoïsme et des préjugés.

Louis XVI n'avait pas cette fermeté. Caractère faible et indécis, « il voyait le bien et agissait mal ; il avait » le jugement droit et il n'en tirait aucun parti pour » l'action, non par insouciance égoïste, comme son » aïeul, mais par défiance de lui-même, par défaut de » volonté et d'esprit de suite. » (1)

Le comte de Provence, son frère, le peignait ainsi : « Figurez-vous deux boules de billard frottées d'huile

(1) Henri Martin, *Histoire de France.*

» et placées l'une près de l'autre : voilà la cohésion qui
» existe dans l'esprit de mon frère. »

Mais, à côté de ces défauts, il y avait en Louis XVI
des qualités réelles. Il sentait combien était lourd le
fardeau que lui laissait Louis XV, et combien il était
difficile à un prince de vingt ans de régner sur la
France. Le 10 mai 1774, la reine Marie-Antoinette
écrivait à sa mère, Marie-Thérèse d'Autriche : « Le roi
» a cessé d'exister. Qu'allons-nous devenir ? Le Dauphin
» et moi nous sommes épouvantés de régner si jeunes. »
Ce sentiment de crainte était d'un bon augure pour
l'avenir.

Louis XVI apportait de plus au pouvoir l'amour du
bien public, des mœurs honnêtes qui contrastaient avec
les débordements du règne précédent, et une instruction
solide. Il était d'un caractère assez sérieux, ses manières
étaient quelquefois peu aimables, et Madame du Barry,
pour le désigner, se permettait de dire : « le gros garçon
» mal élevé. »

Il avait toujours l'air mécontent, montrait de la
brusquerie et n'annonçait pas cette complaisance facile
dont il devait donner tant de preuves. Des gens de cour
lui ayant un jour demandé quel surnom il préférerait :
« Je veux, répondit-il, qu'on m'appelle Louis-le-Sévère. »

Toutes ces bonnes qualités, cette droiture, cet amour
du bonheur public devaient se briser contre l'irrésolution
du monarque et devenir inutiles ; également impuissant
à diriger la Révolution ou à la refouler, incapable d'en
être le vainqueur ou le chef, Louis XVI ne devait en être
que l'une des premières victimes.

Voilà, Mesdames et Messieurs, quel était le roi qui
allait gouverner la France. On comprend que la nation,
fatiguée des désordres et des humiliations du règne de
Louis XV, conçût de grandes espérances à l'avènement
d'un prince de mœurs honnêtes, animé de l'amour du
bien public, et que la sécurité fût si parfaite en France.
On voulait des réformes, et on savait que Louis XVI

était prêt à envisager sans trouble des plans qui eussent révolté ses prédécesseurs. Les projets lui plaisaient ; d'ailleurs « on était arrivé à une époque où, selon l'ex-« pression de Lacretelle, les esprits les plus froids ne « pouvaient se défendre de l'enthousiasme. » (1)

Il semble qu'avec un roi qui était prêt à entrer pour sa part dans les idées de réformes qui se faisaient jour de tous côtés, avec un ministre tel que Turgot, qui ne cherchait que le bien du peuple, la Révolution eût pu être, sinon évitée, du moins retardée. Peut-être, si le roi eût été plus énergique, s'il eût eu le courage de suivre les inspirations de Turgot, et d'accorder peu à peu, une à une, les libertés que réclamait la nation, peut-être la France eût-elle été régénérée sans le bouleversement qui devait briser tout sur son passage.

C'est là l'idée qui frappe naturellement si l'on ne considère que le gouvernement. Mais si l'on jette les yeux sur la nation, on est forcé de reconnaître qu'une révolution était nécessaire et inévitable. Le roi eût pu être assez fort pour réformer le gouvernement ; il ne l'eût pas été assez pour concilier, pour rapprocher les divers éléments qui constituaient la société française.

La nation se divisait, en effet, en trois classes : la Noblesse, le Clergé et le Tiers-Etat, c'est-à-dire la bourgeoisie et le peuple.

La Noblesse et le Clergé possédaient de nombreux privilèges et opprimaient le peuple. Pendant longtemps, celui-ci avait souffert sans se plaindre cette oppression ; mais, comme le dit M. A. de Tocqueville, « des trésors « de haine et d'envie s'étaient amassés dans son cœur ; » et, à l'époque dont je parle, il voulait l'égalité. Les barrières qui séparaient les différentes classes de la société commençaient à être ébranlées ; pour les faire tomber, il fallait une violente secousse : alors seulement les trois

(1) Lacretelle, *Histoire du XVIII<sup>e</sup> siècle.*

classes ne formeraient plus qu'un seul et même peuple, égal devant la loi.

Au temps de la féodalité, les nobles étaient de véritables souverains qui régnaient sur leurs terres et opprimaient leurs sujets ; mais, s'ils avaient des droits, ils avaient aussi des devoirs ; ils devaient protéger, défendre, secourir au besoin leurs vassaux. Ce rôle était facile alors ; car ils habitaient leurs domaines et ne les quittaient que pour les expéditions guerrières.

Au XVIII<sup>e</sup> siècle, il n'en est plus de même ; « la » féodalité n'existe plus, mais elle opprime tou- » jours (1) ; » les nobles n'ont pas oublié de faire valoir leurs droits ; quant à leurs devoirs envers leurs vassaux, il n'en est plus question. Cela tient principalement à une cause : c'est qu'ils ont quitté leurs terres pour aller habiter la Cour ou la ville.

Louis XIV, qui redoutait les nobles tant qu'il les savait dans leurs châteaux, les avait attirés à Versailles, et les y avait retenus par le prestige des fêtes et des honneurs : les éloigner ainsi de leurs terres et de leurs vassaux, c'était affaiblir leur puissance. Une fois qu'ils eurent pris l'habitude de vivre à la Cour, il ne leur fut plus possible de retourner dans leurs domaines.

Comment donc auraient-ils pu s'occuper des intérêts de leurs sujets ? Comment le peuple, de son côté, eût-il pu garder à ces nobles qu'il n'avait jamais vus, qu'il ne connaissait que de nom, et par les charges qui pesaient sur lui, comment eût-il pu leur garder le même attachement qu'il avait autrefois pour leurs seigneurs, alors qu'il les voyait vivre au milieu de ses vassaux, les encourageant et les soutenant dans leurs travaux ?

Il y a là déjà un premier motif de séparation entre la noblesse et le peuple : les privilèges dont jouissaient les nobles en constituaient un second.

Seuls, en effet, ils pouvaient prétendre aux hauts em-

___

(1) **A.** de Tocqueville, *L'Ancien Régime et la Révolution*.

plois ; seuls ils avaient droit aux honneurs. Louis XIV avait bien, il est vrai, choisi quelques-uns de ses ministres dans le Tiers-Etat ; mais, après lui, on en était bientôt revenu aux anciennes coutumes, et ce n'est qu'à la fin du règne de Louis XV qu'on voit apparaître à la tête des affaires des hommes de basse extraction, et encore, ce ne sont que de rares exceptions. Les hautes fonctions militaires, diplomatiques et judiciaires appartenaient aux nobles. Dans la carrière ecclésiastique, les évêchés, les abbayes, les gros bénéfices leur étaient réservés. Quant aux places d'administration, ils les dédaignaient.

Mais ce qui irritait surtout le peuple contre les nobles, c'était l'impunité dont ils jouissaient vis-à-vis des lois. On vit sous Louis XV, de grands exemples de cette impunité. Gilbert a peint cette injuste différence dans deux vers courageux :

> « Pauvre, on l'aurait flétri d'un arrêt légitime ;
> » Il est puissant, les lois ont ignoré son crime. »

Un noble avait-il des dettes qu'il ne pouvait payer ? Aussitôt intervenait ce qu'on appelait un *arrêt de surséance*, qui l'autorisait à ne pas payer et défendait à ses créanciers toute poursuite contre lui. Un noble pensait-il avoir à se plaindre, ou craignait-il le ressentiment de quelque roturier ? Il demandait une lettre de cachet et faisait enfermer le pauvre homme qui lui avait déplu, sans autre forme de procès. Rarement on osait réprimer les écarts, les délits des grands ; souvent même on s'empressait de trouver des torts à ceux qu'ils accusaient.

Deux causes cependant paraissaient devoir rapprocher la noblesse du Tiers-Etat : l'attrait du plaisir et le besoin d'argent. Un noble consentait bien à s'asseoir à la table d'un riche financier, à assister à ses fêtes ; mais ce n'était là qu'une union fugitive. A peine le noble était-il sorti, qu'il tournait en ridicule son hôte, celui que, peu d'heures auparavant, il avait comblé de flatteries.

Les grands seigneurs étaient souvent à court d'argent.
Dans ce cas, et quoiqu'une mésalliance fût à leurs yeux
une tache, ils oubliaient pour un moment leurs titres et
leurs préjugés, épousaient les héritières de riches finan-
ciers, et remédiaient ainsi aux suites de leurs folles
dépenses. Mais « ces mariages ne rapprochaient nulle-
» ment les deux ordres. Le dernier était blessé d'entendre
» les nobles qui s'enrichissaient par un pareil moyen se
» plaisanter eux-mêmes avec effronterie, et dire *qu'ils*
» *mettaient du fumier sur leurs terres*. Ces nobles
» méprisant leurs nouvelles familles, le ressentiment
» était bien permis à leurs femmes, et parfois elles
» répondaient en mots piquants sur la noblesse indigente
» aux traits lancés contre la roture opulente. » (1)

Et ce n'était pas seulement, Mesdames et Messieurs,
entre la noblesse et la roture qu'il existait des germes de
division et de discordes ; les membres de la noblesse
eux-mêmes ne pouvaient s'entendre entre eux. Quoique
tout gentilhomme, se fondant sur ce mot de Henri IV :
« Mon plus beau titre est celui de premier gentilhomme
« du royaume » prétendît à l'égalité, il y avait beaucoup
de distinctions établies entre les nobles.

On distinguait, par exemple, la *noblesse d'épée* et la
*noblesse de robe*, dont l'origine était moins ancienne ;
la *noblesse de cour* et la *noblesse de province*. Ce n'est
pas tout encore : parmi les gens de cour, on comptait le
*grand seigneur*, l'*homme de qualité*, l'*homme de condition*. Chacun ne cherchait qu'à humilier son inférieur,
sans pouvoir se garantir lui-même d'être humilié par un
autre.

De tout cela, Mesdames et Messieurs, il résultait que
le respect qu'on avait gardé jusque-là pour les rangs et
pour la naissance diminuait de jour en jour. Sous
Louis XIV, le duc de Saint-Simon et le comte de
Boulainvilliers se plaignaient des faveurs arbitraires du

(1) J. Droz, *Histoire du règne de Louis XVI*.

roi qui allaient chercher des membres du Tiers-Etat pour les élever ; quelle n'eût pas été leur indignation, s'ils eussent vu, sous Louis XV ou Louis XVI, le Tiers-Etat dominer dans le conseil du roi, s'allier aux plus nobles familles, monter aux plus hauts emplois et s'illustrer par la culture des lettres ?

Le peuple commençait aussi à ouvrir les yeux et à protester contre l'inégalité des conditions. Au théâtre, avant Beaumarchais, les plébéiens étaient sacrifiés à la vanité des grands ; « il entreprit, au contraire, de livrer » les grands à la risée de leurs subalternes. C'était » réellement une innovation démocratique dans le » système de la comédie. Les grands seigneurs n'étaient » pas plus respectés dans leurs fonctions éminentes que » dans leurs futiles loisirs. Le mot de l'envie, le mot par » lequel la multitude proteste en secret contre l'inégalité » des conditions, était proféré dans le Mariage de » Figaro : *Qu'avez-vous fait pour jouir de tant de* » *biens ? Vous vous êtes donné la peine de naître !* » (1)

Vous le voyez, Mesdames et Messieurs, aux approches de la Révolution, la noblesse française est bien déchue. Elle s'obstine à demeurer à part des autres classes. Comme les gentilshommes ont conservé leurs privilèges honorifiques et pécuniaires, ils croient n'avoir rien perdu. Ils ont autour d'eux « des hommes que, dans les actes » notariés, ils appellent leurs *sujets ;* d'autres se nom- » ment leurs vassaux, leurs tenanciers, leurs fermiers. » En réalité, personne ne les suit ; ils sont seuls, et, » quand on va se présenter enfin pour les accabler, il ne » leur restera qu'à fuir. » (2)

Le Clergé, comme la Noblesse, était séparé du peuple, moins cependant que la noblesse. Au XVIIIᵉ siècle, il avait beaucoup perdu de son ancien prestige ; il était devenu tout à fait impopulaire. Cela tenait à trois causes

(1) Lacretelle, *Histoire du XVIIIᵉ siècle.*

(2) A. de Tocqueville, *l'Ancien Régime et la Révolution.*

principales : les attaques des philosophes, les richesses et les mœurs du haut clergé.

Pour conserver son influence, le clergé aurait eu besoin d'une union solide et étroite ; il aurait dû surtout chercher à se rapprocher du peuple en partageant ses misères et ses souffrances, et mériter son respect par la pureté de ses mœurs Il n'en était pas ainsi. Une partie du clergé remplissait bien, il est vrai, ces conditions ; mais les scandales dont l'autre partie donnait l'exemple rendaient nuls ces généreux efforts.

Il faut distinguer, en effet, le haut et le bas clergé.

Le bas clergé comprenait les modestes curés, les humbles vicaires. « C'étaient les hommes qui, dans la mis- » sion évangélique, portaient le poids du jour ; c'étaient » les instituteurs du peuple et les consolateurs du » pauvre. » (1)

Nés, pour la plupart, dans les campagnes, sortis de parents pauvres, ils avaient fait, en général, de médiocres études ; mais il avaient une foi sincère, des mœurs pures, une active charité.

Ce n'était donc pas le bas clergé qui cherchait à se séparer de plus en plus du peuple : au contraire, recruté parmi la roture, et s'entendant souvent reprocher sa basse origine, il ne pouvait l'oublier. Aussi, dès que le Tiers-Etat aura à faire des conquêtes politiques, verra-t-on les curés rentrer dans cette grande famille et en assurer le triomphe.

Ce qui nuisait à l'influence du clergé sur la nation, c'était cette partie que l'on appelait le haut clergé, et qui comprenait les riches et puissants dignitaires de l'Eglise. Leurs mœurs étaient loin d'être aussi pures que celles des curés de campagne. Sans doute, il ne faut pas prendre pour exemples un cardinal Dubois, un abbé de Bernis, ce poète érotique décoré de la pourpre romaine, amant, puis courtisan de M^{me} de Pompadour, qui le fit plus

(1) J. Droz, *Histoire du règne de Louis XVI.*

tard ministre : ce sont là, je me hâte de le dire, des exceptions. Mais, en général, la vie des prélats laissait beaucoup à désirer. La plupart d'entre eux fuyaient leur résidence et venaient jouir à Versailles des plaisirs de la Cour. Leurs actions étaient sans cesse en contradictiction avec leurs paroles. Comment ce contraste n'aurait-il pas exercé une grande influence sur les esprits ?

D'autres causes contribuaient à affaiblir le clergé. C'étaient les querelles et les discussions théologiques dans lesquelles certains membres de ce corps apportaient trop de violence, de fanatisme et d'intolérance ; c'étaient les scandales que donnaient certains abbés qui n'avaient point reçu les ordres, qui n'étaient ni du monde, ni de l'Eglise, et qui faisaient un tort réel aux véritables ecclésiastiques ; c'étaient les privilèges de toute sorte accordés au clergé ; c'était le mécontentement que causait la dîme.

Peut-être le Clergé trouva-t-il peu d'indulgence parmi les hommes du XVIII<sup>e</sup> siècle ; peut-être exagéra-t-on ses torts ; peut-être même la malignité publique lui en prêta-t-elle qu'il n'avait pas !

Ce qui n'en reste pas moins vrai, c'est que le Clergé, par ses divisions, par son opposition à des vues utiles, par l'abus de ses richesses, par les mœurs relâchées et scandaleuses d'une partie de ses membres, conspira contre lui-même.

Toutefois, il faut le reconnaître, le mécontentement ne s'adressait qu'aux membres du haut clergé ; ceux du bas clergé possédaient les sympathies du peuple. C'était contre les défauts, contre les tendances du haut clergé qu'on voulait réagir ; et, pour cela, une Révolution était nécessaire.

Le Tiers-Etat constituait dans la monarchie le troisième ordre de la Nation. Ami et soutien pendant longtemps de la royauté, qu'il regardait comme un abri contre le

pouvoir féodal, les désastres et les misères intérieures
de la fin du règne de Louis XIV l'avaient amené à se
séparer peu à peu du roi. Les turpitudes de la Régence
et du règne de Louis XV, le mouvement des idées qui
agitaient les esprits, les abus de la féodalité subsistant
à côté du despotisme, les inégalités choquantes qui
divisaient la société, les charges qui pesaient sur le
peuple, tout cela exalta les passions, et, à la fin du règne
de Louis XV, la scission était complète entre le Tiers-
Etat et la Royauté.

Dans le Tiers-Etat, il faut distinguer la Bourgeoisie et
le bas Peuple.

La Bourgeoisie était une sorte de classe intermédiaire
entre la Noblesse et le Peuple. C'était dans cette classe
que se recrutaient les avocats, les médecins, les indus-
triels, les commerçants. Elle avait à souffrir des entraves
que les corporations, les jurandes, les maîtrises, le
monopole, sous toutes ses formes, apportaient à
l'industrie et au commerce ; des impôts et des charges
qui pesaient sur elle, et auxquelles échappaient la
Noblesse et le Clergé ; des droits seigneuriaux de toute
espèce qui s'exerçaient sans aucune mesure ; de
l'inégalité, des abus et de l'arbitraire de la justice ; du
dédain que lui témoignaient les nobles.

Quant à l'homme du peuple, sa situation était encore
plus dure. « En 1790, dit Camille Desmoulins, le
» pouvoir monarchique et l'état républicain furent
» représentés à Londres par une danse tout à fait
» neuve. On voyait d'abord un roi qui, après un
» entrechat, donnait un grand coup de pied dans le
» derrière de son premier ministre ; celui-ci le rendait
» à un second, le second à un troisième, et enfin celui qui
» recevait le dernier coup figurait, par son gros derrière,
» la Nation qui ne se vengeait sur personne. » (1)

Telle était, Mesdames et Messieurs, la situation du

_______

(1) Camille Desmoulins, *La France Libre*, V, des Rois.

paysan. Opprimé par tous, il ne pouvait opprimer personne ; humilié par les nobles, il ne pouvait les humilier à son tour ; pillé par le clergé, il était forcé de lui livrer sans se plaindre une partie de ses biens.

Montesquieu, dans ses *Lettres persanes*, trace un tableau navrant des vexations qui pesaient sur le peuple : « J'ai vu des hommes, dit-il, acheter presque pour rien, » ou plutôt ramasser de terre des feuilles de chêne » pour les mettre à la place de la substance des veuves » et des orphelins. J'ai vu naître soudain, dans tous les » cœurs, une soif insatiable des richesses. J'ai vu se » former, en un moment, une détestable conjuration de » s'enrichir, non par un honnête travail et une géné- » reuse industrie, mais par la ruine du prince, de l'État » et des concitoyens. J'ai vu un honnête citoyen, dans » ces temps malheureux, ne se coucher qu'en disant : » J'ai ruiné une famille aujourd'hui, j'en ruinerai une » autre demain. Un autre disait : je vois que j'accom- » mode mes affaires : il est vrai que, lorsque j'allai, il y » a trois jours, faire un certain paiement, je laissai toute » une famille en larmes, que je dissipai la dot de deux » honnêtes filles, que j'ôtai l'éducation à un petit garçon : » le père en mourra de douleur, la mère périt de tris- » tesse ; mais je n'ai fait que ce qui est permis par la » loi. » (1)

Vous le voyez, Mesdames et Messieurs, on n'écoutait guère les scrupules de la conscience : tout était permis quand il s'agissait d'accabler le peuple, le paysan. La parole du vicomte d'Entraigues : « La noblesse est le » plus grand fléau qu'il y ait sur la terre, » était vraie plus que jamais au XVIIIe siècle, et Camille Desmoulins avait raison quand il écrivait ces vers :

> « Pour les nobles, toutes les grâces,
> » Pour toi, peuple, tous les travaux ;
> » L'homme est estimé par les races,
> » Comme les chiens et les chevaux. » (2)

(1) Montesquieu, *Lettres persanes*, 146.
(2) Camille Desmoulins, *La France Libre*, IV, De la Noblesse.

Cette condition du paysan était bien connue ; les ministres eux-mêmes ne l'ignoraient point.

En 1739, le marquis d'Argenson écrivait : « J'ai vu,
» depuis que j'existe, la gradation décroissante de la
» richesse et de la population. Au moment où j'écris,
» en pleine paix, avec les apparences d'une récolte,
» sinon abondante, du moins passable, les hommes
» meurent tout autour de nous, comme des mouches,
» de pauvreté, et broutent l'herbe... Le duc d'Orléans
» porta dernièrement au Conseil un morceau de pain de
» fougère. Il le posa sur la table du roi, en disant:
« Sire, voilà le pain de quoi vos sujets se nourrissent. »

Voltaire et Rousseau se sont aussi vivement préoccupés de la malheureuse situation du paysan au XVIII<sup>e</sup> siècle. Dans une pièce intitulée *Les Finances,* Voltaire décrit en termes vigoureux la misère de l'homme du peuple. Quant à Rousseau : « Ce n'est pas, dit-il, le roi ; ce ne
» sont pas les magistrats qui m'intéressent ; c'est cet
» être collectif qui n'a que des devoirs et pas de droits,
» qui est courbé sur la glèbe, et qu'une nuée de pillards
» officiels accable, depuis le fermier général jusqu'au
» moine du couvent voisin. » Il a vu, dit-il dans ses
*Confessions,* « des provinces où le paysan ne broutait
» que de l'herbe. »

Dans ces conditions, il était impossible qu'on ne désirât pas des réformes, et l'on s'explique parfaitement les réclamations, quelquefois assez vives, mais toujours nettes et précises, qui se produisirent lors de la rédaction des Cahiers de 1789.

Une autre cause enfin rendait la Révolution inévitable : c'était la persistance des coutumes et des abus de l'Ancien Régime.

Voltaire a peint cette persistance d'une manière frappante : « J'ai, dit-il, un grand nombre de
» catapultes et de balistes des anciens Romains
» qui sont à la vérité vermoulues, mais qui pour-

» raient encore servir pour la montre. J'ai beaucoup
» d'horloges d'eau dont la moitié sont cassées ;
» des lampes sépulcrales, et le vieux modèle en cuivre
» d'une quinquérème ; je possède aussi des toges, des
» prétextes, des laticlaves en plomb, et mes prédécesseurs
» ont établi une communauté de tailleurs qui font assez
» mal des robes d'après ces anciens monuments. A ces
» causes, à ce nous mouvants, ouï le rapport de notre
» principal antiquaire, nous ordonnons que tous ces
» vénérables usages soient en vigueur à jamais, et qu'un
» chacun ait à se chausser et à penser dans toute l'éten-
» due de nos États comme on se chaussait et comme on
» pensait du temps de Cnidus Rufillus, propréteur de la
» province à nous dévolue par le droit de bienséance,
» etc.

» On représenta au chauffe-cire qui employait son
» ministère à sceller cet édit, que tous les engins y spé-
» cifiés sont devenus inutiles ;

» Que l'esprit et les arts se perfectionnent de jour en
» jour ; qu'il faut mener les hommes par les brides qu'ils
» ont aujourd'hui, et non par celles qu'ils avaient au-
» trefois ;

» Que personne ne monterait sur les quinquérèmes
» de son Altesse Sérénissime ;

» Que ses tailleurs auraient beau faire des laticlaves,
» qu'on n'en achèterait pas un seul ; et qu'il était digne
» de sa sagesse de condescendre un peu à la manière
» de penser actuelle des honnêtes gens de son pays.

» Le chauffe-cire promit d'en parler à un clerc, qui
» promit de s'en expliquer au référendaire, qui promit
» d'en dire un mot à son Altesse Sérénissime,... quand
» l'occasion pourrait s'en présenter. » (1)

On comprend facilement qu'en présence d'une telle
persistance, une révolution, « un coup de foudre »

_______

(1) Voltaire, *Dictionnaire philosophique*, article *Gouvernement*,
section V.

comme disait Voltaire, était nécessaire. Pour détruire tous ces abus, tous ces privilèges ; pour ouvrir l'ère nouvelle que prévoyaient et souhaitaient tous les hommes de bon sens, il fallait la réunion des Etats-Généraux, il fallait la nuit du 4 août, qui en fut la conséquence.

Il faut lire, Mesdames et Messieurs, dans Michelet, il faut lire dans Louis Blanc les pages consacrées par ces historiens aux grandes journées des 4 et 5 mai 1789. Un journal de Saint-Lo (1) a eu l'excellente idée, — et je suis heureux de l'en féliciter publiquement, — de mettre sous les yeux de ses lecteurs le récit vraiment grandiose de Michelet.

Je vous demande la permission de vous citer le passage de Louis Blanc relatif à la cérémonie qui précéda l'ouverture des États-Généraux :

« Le 4 mai 1789, dit-il, le soleil se leva radieux sur
» la ville de Louis XIV. La France était à Paris ; Paris
» était à Versailles. Les Etats-Généraux devant s'ouvrir
» le lendemain, il avait été décidé que par une fête na-
» tionale et religieuse, que par de communes prières,
» on se préparerait à ce solennel événement. La journée
» fut resplendissante, l'appareil déployé fut sans égal.
» Mais ce qui faisait la grandeur du spectacle, ce n'é-
» taient ni les rues inondées de foule et de lumière, ni
» l'étincelant rideau des baïonnettes, ni les têtes de
» femmes se pressant aux croisées, ni les riches drape-
» ries flottant aux balcons, ni la voix grave du prêtre et
» le son des cloches montant vers le ciel à travers les
» fanfares, le roulement des tambours et le commande-
» ment des capitaines... Non : la véritable, l'imposante
» nouveauté, c'était le langage qui se parlait dans toute
» la ville ; c'était l'altération des visages, la fierté des
» regards, l'orgueil inusité des attitudes, la fièvre des
» âmes ; c'était la virile et puissante inquiétude d'un
» peuple que visitait la Liberté.

(2) La *Dépêche de l'Ouest*, du vendredi 3 mai 1889.

» Il y avait, du reste, au fond de l'émotion univer-
» selle mille sentiments divers : espérances, regrets,
» mélancoliques retours, justes colères, ambitions, ter-
» reurs, aspirations héroïques et brûlantes. Les uns sa-
» luaient de leurs cris l'image de la Patrie sauvée. Une
» fête aujourd'hui, disaient les autres, et le combat de-
» main.

» A l'heure indiquée, les députés des trois ordres
» partirent de l'église paroissiale de Notre-Dame pour
» se rendre processionnellement à l'église de Saint-
» Louis ; et la multitude se précipita sur le passage
» du cortège..... La procession passa. Les récollets
» et le clergé de Versailles ouvraient la marche,
» ayant au milieu d'eux la musique de la chapelle du
» roi. Suivaient les députés des *Communes* (1). Ils
» étaient vêtus de simples manteaux noirs ; mais à la
» fermeté de leur pas, à leur contenance calme et forte,
» on voyait assez qu'ils portaient la fortune de la bour-
» geoisie. Parmi eux on remarquait le député Gérard,
» figure énergique et franche, front hâlé, cœur d'homme
» libre sous une veste de paysan breton : il semblait
» être là pour représenter plus particulièrement le
» peuple. Venaient ensuite les députés de la Noblesse,
» étalant le luxe de leurs broderies, de leurs plumes
» blanches, de leurs dentelles ; puis, injurieusement
» séparés des évêques en rochet et en camail, les plé-
» béiens de l'Eglise, les curés. Le roi et la reine accom-
» pagnaient le Saint Sacrement qui brillait aux mains
» de l'archevêque de Paris sous un dais magnifique,
» dont les comtes de Provence et d'Artois, les ducs
» d'Angoulême et de Berri tenaient les cordons.

» De longues et encourageantes clameurs accueil-
» lirent l'ordre des Communes, parce qu'il était la
» Révolution ; le duc d'Orléans, parce qu'il affectait de

(1) « Car le mot de Tiers-Etat est ici proscrit comme un monu-
ment de l'ancienne servitude. » *Lettre manuscrite de Robespierre,
du 24 mai* 1789.

» se tenir à distance de la Noblesse et qu'il se mêlait au
» dernier rang du Tiers ; les tribuns connus ou désignés,
» parce qu'ils étaient vainqueurs ; le roi parce qu'il était
» vaincu. Quant à la reine, nul salut populaire ne l'an-
» nonça, nul cri d'amour ne la suivit. Et elle, tout
» émue, mais attentive à couvrir sa douleur, elle
» s'essayait à braver par des airs dédaigneux la muette
» insulte, quand on la vit tout à coup pâlir et chanceler.
» La princesse de Lamballe fut obligée de la soutenir.
» Marie-Antoinette avait entendu retentir à ses oreilles
» le cri : *Orléans à jamais* ! et saisi, dit-on, dans les
» yeux de la duchesse d'Orléans, l'éclair du triomphe.

» Cependant, vers quelles hauteurs ou vers quel
» abîme ces graves personnages étaient-ils attirés ? Quel
» emploi ferait-on de la force, une fois conquise, et
» jusqu'où faudrait-il pousser cette grande aventure ?
» Mirabeau lui-même l'ignorait, lui qu'on apercevait de
» partout et qui remplissait la fête, lui qui s'avançait
» respirant à pleins poumons les orages de l'air, portant
» avec insolence son indigne renommée, commandant
» l'admiration, excitant la surprise, faisant peur. Pour
» des hommes qui la plupart étaient, ainsi que Mounier
» et Malouet, « passionnément raisonnables (1), » il ne
» pouvait être question de couvrir le sol de ruines. Un
» seul, dans ce cortège, un seul (2) pressentait alors (3),
» illuminé qu'il était par sa conviction, les conséquences
» suprêmes. Or, celui-là se trouvait parmi les plus
» obscurs ; il était de ceux dont les passants deman-
» daient le nom ; et, son maintien rigide écartant tout
» propos familier, il marchait retiré en lui et comme
» distrait de l'agitation environnante par le silence de
» ses pensées.

» Arrivés à Saint-Louis, les trois ordres prirent place

(1) Madame de Staël, *Considérations sur la Révolution française.*

(2) Robespierre.

(3) Premières lettres manuscrites de Robespierre.

» dans la nef. Le roi et la reine s'assirent sous un dais
» de velours violet, parsemé de fleurs de lis d'or ; et un
» chœur de voix mélodieuses ayant chanté l'hymne
» *O salutaris hostia*, l'évêque de Nancy parut en
» chaire. On espérait des paroles vivantes et animées :
» on écouta d'un cœur impatient une harangue, ampli-
» fication trop complaisante de cette idée : « La religion
» est la force des Etats. » Un trait, néanmoins, fit sen-
» sation. L'orateur s'étant écrié, après une vive peinture
» des violences du régime fiscal et de la misère des
» campagnes : « Et c'est sous le nom d'un bon roi, d'un
» monarque juste, sensible, que ces misérables exac-
» teurs exercent leurs barbaries ! » des applaudisse-
» ments éclatèrent de toutes parts, malgré l'étiquette,
» qui ne voulait pas qu'on applaudît en présence du roi,
» même au spectacle. Mais l'heure était déjà passée des
» usages vains et des serviles respects. » (1)

Le lendemain, le 5 mai 1789, les Etats généraux se
réunirent à Versailles, dans la salle des Menus.

Le roi adresse quelques paroles aux représentants de
la nation, puis il se couvre. Les députés de la noblesse
et du clergé se couvrent aussi, suivant l'habitude. Alors,
les députés des communes, qu'on avait fait attendre
durant plusieurs heures sous un hangar, entassés dans
un étroit espace, ces représentants du Tiers-État qui,
précédemment, devaient se mettre à genoux pour parler
devant le roi, imitent le Clergé et la Noblesse et se couvrent à leur tour.

La Révolution était faite !


Cent ans sont écoulés, Mesdames et Messieurs, depuis
que ces grandes choses se sont passées.

Un siècle, c'est bien peu dans l'histoire ! C'est cependant le temps d'oublier, paraît-il !... Combien de gens,

(1) Louis Blanc, *Histoire de la Révolution française,* livre I,
chap. 8.

en effet, dans nos campagnes surtout, se souviennent de
ce qu'étaient nos pères avant la Révolution ! Combien
savent jusqu'à quel point ils étaient misérables et humi-
liés ! Combien se souviennent de cette immortelle Révolution, qui nous a fait hommes, et libres !

Ah ! Messieurs, en songeant à ce temps passé, à cette
France de l'ancien Régime qui dort à tout jamais dans
le tombeau, je ne puis m'empêcher de reporter ma pensée sur le paysan du Moyen-Age, sur ce pauvre Jacques
Bonhomme, le serf du baron.

S'il pouvait revenir sur la terre, revoir son cher village, ses champs, comme il trouverait les choses changées ! Quel étonnement !

Et tenez, Mesdames et Messieurs, je m'imagine le voir
apparaître en ce moment, là, tout près de nous, comme
il était autrefois: le grand bonhomme maigre et sec,
ferme sur ses jambes, mais déjà voûté par la fatigue, et
le visage bruni de hâle sous son capuchon de bure. Sa
première pensée, sans doute, son premier souvenir, ce
serait pour son humble masure. Il chercherait des yeux,
du cœur, la place de son vieux toit moussu, la place de
son foyer. Et nous lui montrerions quelque maison de
pierre au toit rouge de tuiles, simple, mais solide et
bien close, propre et comme souriante. Une vigne court
le long des murs ; voici aux fenêtres des fleurs, et derrière les vitres de petits rideaux blancs. Trois ou quatre
vaches mugissent dans l'étable, et des socs clairs dorment
sous les hangars. Tout dit la rustique aisance, la sécurité surtout, l'existence laborieuse, mais tranquille, de
gens qui n'ont rien à craindre.

Cela passe devant ses yeux comme un rêve....

Et alors, la mémoire lui revient, le souvenir de sa
pauvre vie, à lui, sa vie de lièvre, misérable et tremblante,
quand il fallait toujours s'attendre à quelque nouvelle
avanie de la part des gens de là-haut, des gens du
château.

A cette pensée, il me semble le voir lever timidement

les yeux vers la roche. « Mais.... où donc est le château ? » — Vois ces ruines, Jacques, il n'y a plus de château ! La cloche du donjon ne tinte plus la corvée ! Jacques, il n'y plus ni seigneurs, ni serfs. Tous sont libres, et tous sont égaux.

La terre aussi est rachetée, affranchie, comme le laboureur. Vois-tu ces fermes dans la vallée, ces champs à perte de vue ? Partout où le sol l'a permis, la lande, la grande lande seigneuriale a été sillonnée par la charrue et porte des moissons. Si la campagne est ainsi découpée par petits morceaux, comme un manteau cousu de pièces de différentes couleurs, c'est que la terre, maintenant, est au cultivateur. Chacun en a sa part, grande ou petite, et sème, moissonne, vend, loue ou achète, sans rien devoir à personne.

Et puis, vois sur la petite place, ce bâtiment !.... — « Qu'est-ce que cette maison ? Quels sont ces hommes assemblés ? Que font-ils ? » — Cette maison, c'est la maison commune, la mairie ; ces hommes, c'est le maire et ce sont les conseillers municipaux ; ce sont des gens du pays, tes arrière-petits-fils, Jacques ! Ce qu'ils font ? Ils délibèrent, ils discutent, ils décident entre eux les affaires du village ! Ils sont le petit gouvernement, pour tout ce qui regarde la commune ; car ton village est maintenant une commune, tout aussi bien que les grandes villes.

Ceux-là sont restés au pays. D'autres, ont quitté le village. Parmi tes fils, il en est plusieurs, le croirais-tu ? qui sont députés au grand Parlement de France ; un autre est ministre ; un autre est général et commande nos armées.... C'est aussi un fils de Jacques qui est Président de la République ; — car nous n'avons plus de rois ; — nous avons trouvé que cela coûtait trop cher.

Mais tu ne comprends plus, je le vois, pauvre Jacques ; cela te passe.... Regarde plutôt, ici, près de la maison commune, cette autre maison où tu vois un cadran et une petite cloche, comme à l'église : c'est l'école. Il y a une école, maintenant, dans ton village ; de ton temps, il n'y en avait que dans les grandes villes et les riches abbayes, pour les clercs ; aujourd'hui, tous les enfants des laboureurs vont en classe. Tes petits-enfants, ils sont là, apprenant à lire, à écrire, à calculer ; on leur enseigne bien d'autres choses encore, des choses utiles, qui leur serviront plus tard, dans la vie.

Ecoute !... en ce moment, on leur raconte l'histoire des anciens temps, ton histoire à toi, Jacques ; on leur parle de toi, on leur dit tes misères, tes luttes, tes efforts ; on leur apprend, vieux père, à vénérer, à bénir ta mémoire !

Et si alors, des larmes plein les yeux, il demandait : « Mais qui donc a fait tout cela pour mes enfants ? » Un seul cri sortirait, n'est-ce pas, Messieurs, de toutes nos poitrines, et tous ensemble nous lui répondrions: « C'est la Révolution ! »

Ah ! ce n'est pas lui, Mesdames et Messieurs, ce n'est pas Jacques Bonhomme, ce n'est pas ce revenant des anciens temps, — si jamais il revenait, — ce n'est pas lui qui s'imaginerait de trouver qu'après tout les choses ne sont pas si changées ! Ce n'est pas lui qui songerait à imiter ces malins qui s'en vont répétant de village en village, de porte en porte, que s'il y avait autrefois la *taille* et la *dîme*, nous avons aujourd'hui les *contributions*, que la *prestation* a remplacé la *corvée*, et qu'en somme il n'y a rien de changé que le nom !

Quelle erreur, et j'allais dire, quelle impudence de langage ! Oui, nous avons la prestation ; oui, nous payons des impôts ; mais, autrefois, les pauvres seuls payaient l'impôt et en étaient accablés. Aujourd'hui, tout le monde paie en proportion de son avoir : qui a beaucoup, paie beaucoup et qui a peu, paie peu.

Ce n'est pas tout. Autrefois, c'était au seigneur, au roi, qu'on payait. Aujourd'hui, nous payons à l'Etat ; et l'Etat, c'est nous ; l'Etat, c'est tout le monde. Ce que nous donnons d'une main nous revient dans l'autre.

Au *bon vieux temps*, l'argent de Jacques Bonhomme servait à enrichir le baron et le moine, à leur bâtir les beaux châteaux et les riches abbayes ; il servait aux fêtes du roi, à ses palais, à sa cour, à ses favoris, à ses grandes guerres qu'il faisait pour sa gloire et son ambition.

Maintenant, notre argent à tous sert à faire des choses utiles pour tous, qui profitent à tous. Il sert à faire des routes, des chemins pour conduire au marché nos récoltes ; des ports, par lesquels nous envoyons nos denrées à l'étranger. Il sert à entretenir nos soldats, qui ne se battront plus pour la gloire ou les intérêts d'un monarque, mais seulement pour défendre le pays si nous sommes attaqués, pour faire un jour, je l'espère bien et nous l'espérons tous, cette grande chose « dont, sui- » vant l'expression du grand patriote Gambetta, il ne » faut jamais parler, mais à laquelle il faut toujours » penser ! » Il sert à bâtir jusque dans les plus petits villages des écoles....

Et non-seulement il n'y a plus désormais ni roturiers, ni gentilshommes ; tous nous sommes des hommes, des citoyens ; tous libres, tous égaux. Est-ce que ce n'est pas quelque chose cela, l'*égalité* ?

Il se trouve encore, je ne l'ignore pas, des gens qui regrettent fort ce temps d'avant la Révolution, ce bon vieux temps, comme ils disent, où leurs ancêtres étaient seuls maîtres et seigneurs.

Soyons indulgents, Messieurs, à leur égard ; pardonnons-leur cette faiblesse et disons-leur seulement, si l'occasion se présente, que nous n'avons pas, nous autres, les fils des humbles de 1789, les mêmes raisons pour le regretter, le bon vieux temps où nos aïeux les paysans, comme les travailleurs des villes, n'avaient rien et payaient tout.

Et puis, ajoutons tranquillement que le passé est passé et que les morts sont morts. Les tours écroulées des vieux châteaux et recouvertes par le lierre ne se rebâtiront pas ; le vieux baron ne ressuscitera pas dans son armure de fer, ni la fière châtelaine dans sa longue robe traînante. A ceux qui ont peine à s'en consoler, disons bien que ce qu'il y eut de bon aux anciens temps, la vieille loyauté, le dévouement et le courage, n'a pas péri. Ces choses-là sont de tous les temps, et nous les retrouverions dans nos cœurs. Le reste est chose finie.

Pour nous, Messieurs, qui nous réclamons énergiquement des principes de 1789, qui savons quels maux ont produits la violence et l'oppression, le fanatisme et les discordes, nous sommes heureux et fiers de célébrer aujourd'hui le Centenaire de cette date mémorable du 5 mai, qui marque le commencement de la Révolution à laquelle nous devons tant de bienfaits.

Aussi, Messieurs, — et c'est par là que je veux finir, — que l'exemple de nos pères de 1789 qui, nés dans la servitude et la misère, ont conquis pour nous la liberté et le bien-être, nous encourage à marcher sans défaillance dans leur chemin, à suivre leurs traces, à continuer leurs efforts, à travailler vaillamment, afin de préparer, autant qu'il est en nous, et chacun pour notre part, à la France notre patrie et au monde tout entier un avenir de prospérité, de paix, de grandeur et de liberté !

---

Au cours de cette Conférence et notamment dans sa péroraison, l'orateur fut fréquemment interrompu par des applaudissements chaleureux. La fin de chaque période fut soulignée par la salle entière soulevée et l'enthousiasme se manifestait par des bravos répétés. Quand M. Marie-Cardine cessa de parler, ses auditeurs, à trois reprises différentes, battirent des mains, et les cris de : Vive la République ! répétés

par toute la salle, prouvèrent que le Conférencier avait obtenu un
succès complet dans cette réunion d'hommes d'instruction et de
classes si diverses. La noblesse des idées, l'élevation des sentiments exprimés dans cette belle Conférence avaient su toucher le
cœur de tous.

M. le Maire termina la séance en s'exprimant ainsi :

« Messieurs,

» Il nous reste un devoir à remplir, devoir bien agréable, c'est
» d'adresser à notre éloquent Conférencier nos plus vifs remer-
» cîments.
» Je n'ai pas besoin de longues phrases pour constater avec
» quelle émotion vous l'avez écouté, et pour lui dire combien
» nous lui sommes reconnaissants d'avoir bien voulu nous
» donner son précieux concours pour la célébration du Cente-
» naire de la plus glorieuse époque de notre histoire nationale. »

De nouveau, les applaudissements et les cris de : Vive la
République ! se firent entendre, nourris et répétés.

Ainsi finit cette Conférence, qui a si dignement célébré le
Centenaire de l'ouverture des Etats-Généraux de 1789.

# Les Fêtes du soir.

A 4 heures 1/2, la Musique du 136e donnait sur la place de la
Préfecture un Concert magnifiqu'. La place était couverte de
monde ; les toilettes brillantes des dames, le beau soleil donnaient
un éclat particulier à la Fête ; aussi les bravos ont été largement
accordés à l'excellente Musique militaire, qui, sous la direction
de son habile chef, M. Favot, donne à Saint-Lo de si beaux
Concerts.

Le soir, à 8 heures 1/2, le décor était changé. Au même lieu,
devant un public aussi nombreux, la Musique municipale faisait
entendre ses meilleurs morceaux, sous la conduite de M. Valton.
Les illuminations donnaient un tout nouvel aspect à la place,
qui était resplendissante de lumières.

Le Feu d'artifice termina la soirée et le public nombreux, qui s'était augmenté des habitants des campagnes voisines, parcourut les jardins de la Préfecture illuminés à *giorno*. Comme toujours, le spectacle était merveilleux.

Toute la journée fut favorisée par le beau temps et le soir jusqu'à une heure avancée le public joyeux parcourut les rues ; la fête fut très belle et le souvenir en restera gravé dans la mémoire de ceux qui y prirent part.

www.ingramcontent.com/pod-product-compliance
Lightning Source LLC
Chambersburg PA
CBHW061441050726
47593CB00004B/1411